Kaufmann oder Kameralist

in den werbenden Gemeindebetrieben vorab der mittleren und kleinen Städte?

Von

Dr. Adolf Danner,
vormals Assistent an der Universität Leipzig.

1913.
München, Berlin und Leipzig
J. Schweitzer Verlag (Arthur Sellier).

Almae Universitati Lipsiensi.

„Der Gedanke, daß die kameralistische Buchführung, zweckmäßig ausgestaltet auch in der Lage ist, für die gewerblichen Betriebe der öffentlichen Körperschaften eine ausreichende und sichere Grundlage zu bieten, hat sich in letzter Zeit, trotz mannigfacher Anfeindungen immer mehr durchgesetzt.“[1])

Mit dieser übrigens vorsichtig formulierten Feststellung empfiehlt der Oberbürgermeister von Kassel, Dr. Scholz, die neueste Schrift über den sogenannten gehobenen Kameralstil, von Ferdinand Schneider, dem städtischen Rechnungsrevisor in Frankfurt a. M. Die Schrift, betitelt: „Wegweiser durch die gehobene kameralistische Buchführung für die werbenden Betriebe der Staats- und Kommunalverwaltungen“ erschien im Januar 1913 bei Franz Vahlen in Berlin.

Dr. Scholz hat mit seinen fachkundigen finanzpolitischen und finanztechnischen Veröffentlichungen bei den kaufmännisch vorgebildeten Kommunalpolitikern ohne Zweifel nicht geringeres Interesse und Verständnis gefunden als bei den reinen Kameralisten. Um so sicherer muß die wiederholte wohlwollende Parteinahme für die kameralistische Buchführung seitens eines so angesehenen Finanzpolitikers den Kennern und Freunden der Kaufmännischen ein neuer Ansporn sein, die unübertrefflichen Vorzüge, die die vollkommene kaufmännische Buchführung bei entsprechender Ausgestaltung auch in der Verwaltung von Gemeindebetrieben bietet, immer bekannter und vor allem den obersten Direktoren der Stadtverwaltungen immer geläufiger zu machen. Denn wer diese überzeugt, überzeugt auch die Kameralisten.

Beides scheint allerdings gleich schwierig zu sein.

Die Juristen, die heute an der Spitze der deutschen Städteverwaltungen stehen, haben in der Regel weder auf der Universität, noch in den Jahren praktischer Vorbildung Anregung und Gelegenheit erhalten, die Technik moderner Privatwirtschaft zu studieren und durch Übung etwa in einem Musterkontor sich anzueignen. Dieser Mangel der Vorbildung wird von den tüchtigsten städtischen Verwaltungsdirektoren selbst empfunden und gelegentlich offen zugegeben,[2]) und ist durch die Tatsache allgemein anerkannt, daß

---

[1]) Preußisches Verwaltungsblatt 34. Jahrg. Nr. 14 vom 4. Januar 1913.

[2]) Vgl. auch Glaubach, Buchführung für die Stadt- und Gemeindeverwaltung, Berlin, Karl Heymanns Verlag 1911 S. 22, und W. Barenthin, Kaufmann und Bürokrat, Berlin, Verlag Karl Curtius. 1912 S. 77. Letzterer schreibt: „Die Ausbildung der Akademiker ist für das Gebiet der Wirtschaftsführung eine durchaus unzulängliche“. Statt Akademiker müßte es genauer „Juristen“ heißen.

Referendare und Assessoren heute freiwillig oder sogar von der Regierung veranlaßt, ein oder zwei Semester in privaten, werbenden Betrieben sich informatorisch betätigen.

Der Mangel wirtschaftstechnischer Vorbildung ist bei den Juristen um so begreiflicher, als selbst Doktoren der Staatswissenschaften, Nationalökonomen, deren Hauptfächer bekanntlich Volkswirtschaft, Statistik, Finanzwissenschaft, Wirtschafts- und Verwaltungsrecht sind, nicht gar so häufig eine gründliche, in praxi sich bewährende Kenntnis der Privatwirtschaftslehre sich angeeignet haben. Die Handelshochschulen sind noch jung, und erscheinen selbst dort, wo sie an die Universitäten eng angegliedert sind, als einseitige Fachschulen ohne genügende Anziehungskraft auf die Gesamtheit der Hochschüler. Bezeichnend ist, daß selbst Karl Bücher, der Verfasser der Entstehung der Volkswirtschaft, einer der führenden deutschen Nationalökonomen, vor einigen Jahren sich genötigt sah, in seinem staatswissenschaftlichen Seminar in Leipzig eine Abteilung für Übungen in kaufmännischer Buchführung einzurichten. Diese natürlich unzulängliche Einrichtung wurde als Bedürfnis empfunden und mußte ausgerechnet in Leipzig getroffen werden, wo die Handelshochschule kaum 100 Meter vom Universitäts- und Seminargebäude entfernt liegt und auch in ihrer Studienordnung, im Plan der Vorlesungen und Übungen so eng und harmonisch wie nur möglich an die Universität angegliedert ist. Und gerade auf der Leipziger Handelshochschule lehrt eine erste Autorität auf dem Gebiete moderner kaufmännischer Buchführung, Professor Robert Stern, der ein anerkanntes, sogar von Bücherrevisoren noch besuchtes Musterkontor eingerichtet hat und leitet.

Die Konstatierung des mangelnden Verständnisses für kaufmännische Buchführung kann also weder speziell ein Vorwurf gegen die Juristen, die Bürgermeister sind, sein, noch soll sie überhaupt ein Vorwurf sein. Aber sie ist doch immer wieder nötig, um schiefen Urteilen über die Entbehrlichkeit und Unersetzlichkeit der Kaufmännischen zu begegnen. Dabei soll ohne Rückhalt anerkannt werden, daß gerade die Bürgermeister der Frage der Einführung der Kaufmännischen in die werbenden Betriebe unbefangener gegenüberstehen wie die Kameralisten von Beruf, die Rendanten, Stadtkämmerer, Stadtrechnungsdirektoren oder wie sie sonst heißen mögen.

Diese kennen die kaufmännische Buchführung in ihrer überwiegenden Mehrzahl ebensowenig, wie ihre Chefs, andererseits aber sind sie in der Praxis der Kameralistischen groß geworden, haben sich bisher mit diesem mangelhaften System schlecht und recht durchgeschlagen und wollen von dem Neuen, ihnen noch ganz Fremden schon aus Anhänglichkeit an das Alte nicht viel wissen.

Ihnen bringt die Reform freilich nur anfängliche Mehrarbeit, neue Sorge, neue Verantwortung. Der große Durchschnitt namentlich in mittleren Städten traut sich gar nicht die Fähigkeit zu, in das System der Kaufmännischen sich einzudenken und darin mühelos zurechtzufinden. Er kennt ja nur den alten Kameralstil des 18. Jahrhunderts, liest und spricht gelegentlich mit einer gewissen Ehrfurcht über gehobenen Kameralstil, steht aber der praktischen Einführung etwa der, an Kunstgriffen um nicht zu sagen Künsteleien reichen gehobensten kameralistischen Buchführung eines Ferdinand Schneider wohl ebenso verständnislos gegenüber, wie der Einführung der Kaufmännischen.[1]) Wie weit es da vielerorten fehlt, läßt die Bemerkung Glaubachs[2]) ahnen: „In den mittleren und kleinen Städten sind meistens nur der Kämmerer und ein Gehilfe (Kassenassistent! d. Verf.) im Kassendienste beschäftigt. Die Ausbildung dieser Beamten im Kameralstil (so!) begegnet schon jetzt manchen Schwierigkeiten. Wie sollen sie sich noch die Kenntnis der kaufmännischen Buchführungsform aneignen, die doch nur nach längerer Übung gehandhabt werden kann?" Der Zivilversorgungsschein ist eben nicht der Befähigungsnachweis für jeden Beruf.

Ja selbst hervorragendste Vertreter, anerkannte Vorkämpfer des Kameralstils, die mit einigem Erfolg, leider erst in neuester Zeit, versucht haben, das Überkommene zeitgemäß fortzubilden, scheinen noch keine Gelegenheit gefunden zu haben, die eminente Brauchbarkeit der Kaufmännischen in praktischer Übung zu ergründen. Die Veröffentlichungen von Glaubach, Kramer, Klapdor beweisen das zur Genüge. Kramers schiefe Auffassungen hat Rettig in seiner Duplik richtiggestellt. Klapdor war in seiner Schrift: Die kameralistische Buchführung, die nebenbei Dr. Scholz bahnbrechend[3]) nennt, so vorsichtig und bescheiden, von einem Vertreter der Kaufmännischen, Walter Kempin, sich bescheinigen zu lassen, daß „die gehobene kameralistische Buchführung (nämlich Klapdors, d. Verf.) im Prinzip nichts anderes ist als die doppelte, kaufmännische Buchführung"[4]) Glaubachs oberflächliche Betrachtungsweise der Kaufmännischen endlich glaubte schon der in dieser Frage gewiß nicht einseitige Verwaltungsdirektor der K. Porzellanmanufaktur Berlin, W. Barenthin, in seiner zitierten, sehr beachtenswerten Schrift „Kaufmann und Bürokrat" zurückweisen zu

[1]) Selbst in Düsseldorf ist die gehobene kameralistische Buchführung Klapdors bis 1911 nur in der städtischen Hypothekenverwaltung versucht worden. Vgl. Glaubach a. a. O. S. 53.

[2]) A. a. O. S. 22.

[3]) W. Barenthin a. a. O. S. 52 schreibt kühl abwägend über das Klapdor'sche System: „Es verlohnt sich nicht, hier auf die Sache näher einzugehen, denn Klapdor bringt, ... , eine formale Lösung, die für einfache Verhältnisse passend, künstlich ist im Vergleich zu derjenigen, wie sie die doppelte kaufmännische Buchführung bietet. Auch scheint er, wie Glaubach, Buchführung und Rechnungslegung nicht genügend zu unterscheiden". Man bedenke Klapdor, bis vor kurzem der fortgeschrittenste Kameralist!

[4]) A. a. O. S. 49. Diese Behauptung ist natürlich unhaltbar trotz der nur für Klapdor existierenden Autorität Walter Kempins.

sollen. Er urteilt über Glaubachs[1]) Erläuterung der Grundzüge der kaufmännischen doppelten Buchführung wörtlich so: „Wenn derartiger..... verzapft wird, so kann man sich nicht wundern, wenn die Buchführung abschreckend auf jeden vernünftig denkenden Menschen wirkt..... Aber Glaubach ist Kameralist und ihm mag man daher zugute halten, wenn er auf dem ihm unbekannten Gebiete Unwichtiges für wichtig hält."[2]) Wir fügen hinzu: Wenn das am grünen Holze geschieht![3])

Bei solchen Schwierigkeiten der persönlichen Verhältnisse kann es nicht wundernehmen, wenn nicht wenige Städte, besonders mittlere, üble Erfahrungen mit der Einführung doppelter Buchführung gemacht haben.

Warum bewährt sich die Kaufmännische nicht? Weil die Anlage der Bücher meist unpraktisch oder der Abschluß alles mehr denn kaufmännisch ist. Der ehrenamtliche Dezernent hat häufig keine Zeit und kein Geschick, sein Ressort zu beherrschen, am Buchhalter wird gespart und der Hauptkassenrendant arbeitet nach seiner altbewährten Methode, nach einem mehr oder minder gehobenen Kameralstil. Der Bürokrat, der sich nur im Geleise des Etats bewegen kann und der Kaufmann, der der Eigenart werbender Betriebe Rechnung tragen soll, finden keinen Modus der Verständigung. An einer Dienstanweisung fehlt es gewöhnlich, ebenso an einer Instruktion für den Dezernenten. Den Schlußeffekt bilden widersprechende Resultate der beiden getrennt arbeitenden Buchführungen und allgemeine Verwirrung. Das gab es natürlich vor der Kaufmännischen nicht und daher muß diese den Sündenbock spielen; sie wird in der Folge des öfteren liebevoll reformiert, denn sie ist ja so reformbedürftig und wenn sie schon ihren Geist und Sinn ganz verloren und sich wo möglich vertrauensvoll an die kameralistische angeschmiegt hat, dann konstatiert man das Exempel, und Glaubach darf aller Welt verkünden: Seht, wieder ein Fall, in dem die Kaufmännische sich nicht bewährt hat. Was beweist denn Glau-

---

[1]) A. a. O. S. 8.

[2]) A. a. O. S. 59. Das abfällige Urteil Barenthins über schulmäßige Abhandlungen Handelswissenschaftlicher, usw. also über die „graue" Theorie der Buchhaltung kann ich nicht billigen. Barenthin übersieht die großen Fortschritte, die die Handelswissenschaften gerade auf den Handelshochschulen im letzten Jahrzehnt gemacht haben. Die Diplombücherrevisoren, für die in der Regel ein bestqualifiziertes Diplom der Handelshochschule Voraussetzung zur Aufnahme in den Revisorenkurs bildet, sind sehr vielen vereidigten Revisoren vorzuziehen und können mit gutem Gewissen den öffentlichen Verwaltungen in erster Linie empfohlen werden. Wie auf allen Gebieten, so ist auch auf diesem der wirtschaftliche Aufschwung Deutschlands zu einem guten Teil auf die ungeheuere, uns mit berechtigtem Stolz erfüllende, systematische geistige Arbeit zurückzuführen, die auf deutschen Mittel- und Hochschulen geleistet wird. Die deutschen Handelshochschulen sind die besten der Welt. Das bestätigt jeder Ausländer, der zu uns kommt und zum Studium wirklich reif ist.

[3]) Es gibt natürlich auch von dieser Regel rühmliche Ausnahmen, wie wohl z. B. Constantini-Eisenach und Schneider.

bachs Enquete? Dem Laien, der sich so leicht verblüffen läßt, Alles, dem Sachverständigen, dem kommunalen Praktiker nichts. Wer sind denn Glaubachs Gewährsmänner und Berichterstatter? Sein Fragebogen läuft beim Magistrat ein, der Bürgermeister schreibt ihn natürlich dem zuständigen Büro zu, vielleicht bekommt ihn vorher noch ein Dezernent, zuletzt und zur wirklichen Bearbeitung der Rendant oder Kämmerer. Also Zeugen in eigener Sache, die zu einer objektiven sachkundigen Würdigung der Kaufmännischen selten befähigt sind. Glaubach hat in seiner Enquete die wichtigste Frage vergessen: „Falls die kaufmännische Buchführung dort zur Anwendung kommt oder gekommen ist, welches System oder welche Bücher sind oder waren in Gebrauch?" Solche Kontrollfragen sind unbedingtes Erfordernis jeder ernst zu nehmenden Statistik oder Enquete.

Wie die Antwort auf diese Frage wohl ausgefallen wäre, welche Art von Kaufmännischer sich nicht bewährt, dafür mögen zwei Beispiele aus der Praxis einen Anhalt geben und zugleich früher Gesagtes illustrieren.

In einer städtischen Verwaltung wurde mir der Jahresabschluß der Gasanstalt zur Nachprüfung zugeschrieben, nachdem schon der vereidigte Bücherrevisor seine feierliche, aber wenig besagende Formel mit dem Siegel daruntergesetzt hatte.

Bilanz und Gewinn- und Verlustrechnung waren in nicht wenigen Punkten so unleserlich und irreführend aufgestellt, wie sie etwa der Direktor einer Aktiengesellschaft seinen Aktionären, denen er nicht alle Geschäftsgeheimnisse preisgeben will, darbietet. Zu mannigfachen Erinnerungen genötigt, frug ich den Direktor unter anderem, warum er denn kein Kapitalkonto einrichte und neben dem fremden Kapital, das natürlich in den Passiven an erster Stelle aufgeführt war, das eigene Kapital, und zwar nach Möglichkeit gesondert: das Kapital der im Laufe der Jahre aus den jeweiligen Überschüssen bewerkstelligten Erweiterungen und das eigentliche Betriebskapital ausweise. Die Antwort lautete: „Ja, meine Buchführung ist schon viermal reformiert worden und das Kapitalkonto, das ich früher auch auswies, haben mir die Herren im Verwaltungsrat gestrichen. Sie wollten zwar die Gasanstalt möglichst schuldenfrei machen, aber für die Nachkommen kein Kapital ansammeln."

Nun war allerdings die Amortisation nicht vom Reingewinn des Bilanzjahres abgeschrieben, sondern aus den flüssigen Mitteln der Kapitalanlage entnommen worden, ihr Betrag durfte also dem Kapitalkonto nicht gutgeschrieben werden. Ich kannte diese besondere, sehr zu beachtende Eigentümlichkeit der Gemeindebetriebe, die sich am wesentlichsten dadurch vom Privatbetrieb unterscheiden, daß sie einen nach Dauer und Höhe unbeschränkten Kredit genießen und daher ausschließlich mit fremden Kapital wirtschaften, ja letzten

Endes fremdes Kapital wieder mit fremden Kapital amortisieren können.

Aber solche Erwägung konnte in diesem Falle das Fehlen eines Kapitalkontos nicht rechtfertigen, da das Soll der Gewinn- und Verlustrechnung einen Posten von etwa 15000 Mk. für abgeschriebene Zugänge des Gasautomaten- und Rohrleitungskontos auswies, der im Haben zu einem Drittel aus dem Reservefonds gedeckt war. Also eine typische Kapitalserhöhung, die zum Teil länger als ein Menschenalter vorhält, tritt in der Bilanz niemals in Erscheinung. Was man theoretisch nicht will, tut man praktisch doch, begibt sich aber des Vorteils gut kaufmännischer Buchführung. Wie ersprießlich wäre bei Aufnahme von Anleihen der Nachweis eines möglichst großen Reinvermögens der Stadt, der für die Gemeindebetriebe eben nur durch das Kapitalkonto erbracht wird. Stille Reserven kommen da nicht zur Geltung. Und der Verwaltungsrat würde Magistrat und Stadtverordnetenversammlung die Entlastungserteilung oder Bewilligung neuer Kredite nur erleichtern, wenn er neben dem nicht selten schwindsüchtigen Reservefondskonto auf ein Kapitalkonto hinweisen könnte, das als Anlage nicht so leicht angetastet wird, wie etwa ein Sparkassenkonto der Reserve.

In einem anderen Falle war mir die Rentabilitätsberechnung für ein städtisches Elektrizitätswerk übertragen worden. Die Berechnung drohte wegen ganz eigenartiger Betriebsverhältnisse von vornherein sehr umständlich zu werden. Aber man sagte mir, die Buchhaltung sei rein kaufmännisch, der Abschluß von einem vereidigten Revisor gefertigt. Jedoch welcher Art war in Wirklichkeit diese Buchführung? Ein Memorial oder amerikanisches Journal fehlte, ebensowenig benötigte man ein Hauptbuch. Der Installationsbetrieb führte kein laufendes Lagerbuch, sondern begnügte sich mit der jährlichen Inventur. Das Kontokorrentbuch galt ebenfalls für überflüssig. Da ich auch für die einzelnen Abnehmer-(Umsatz-)Klassen den anteiligen relativen und absoluten Reingewinn feststellen sollte, mußte der Geldwert der Umsätze erst aus dem Zählerbuch errechnet werden. Die ganze Buchführung bestand also aus einer unvollständigen Reihe von Hilfsbüchern, die kaum als Grundbücher angesprochen werden durften. Aus diesen Hilfsbüchern stellte der Revisor die Bilanz und Gewinn- und Verlustrechnung zusammen, die natürlich die Mängel der Bücheranlage wiederspiegelten.

In der Bilanz stand zunächst nicht der Ursprungswert der Anlagekonten, sondern der augenblickliche Buchwert allein; die Abschreibungen waren ohne Angabe eines Prozentsatzes ausgeworfen, so daß die Art der Abschreibung, ob vom Anschaffungs- oder Buchwert berechnet, nicht ohne weiteres zu ersehen war. Unter den Passiven standen zwar Betriebs- und Erweiterungsfonds in Höhe von über 10 % des Anlegekapitals, aber unter den Aktiven suchte man vergebens nach den Gegenwerten der Fonds, nach dem Effektenkonto oder Guthaben bei der Sparkasse. Der Stadt- und Sparkassenrendant bestätigte mir aber auf Befragen das Vorhandensein eines Sparkassenkontos des Elektrizitätswerkes. So sagte die Bilanz nicht, in welchen Werten die Fonds angelegt waren, ja der Uneingeweihte mußte annehmen, daß sie in der Anlage und im Betriebs-Aktivum enthalten waren. Andrerseits war in der Bilanz ein bedeutendes reines Aktivum des Werkbesitzers, der Stadt, versteckt, das nicht sichtbar wurde, weil das Kapitalkonto fehlte und der Bilanzsaldo doch mit dem Reingewinnsaldo des Gewinn- und Verlustkontos übereinstimmen mußte.

Debitoren ferner im engeren Sinn, also Geschäftskunden, wies die Bilanz überhaupt nicht aus. Und doch soll durch die kaufmännische Buchführung der Stand des Geschäftes an einem bestimmten Tage, also am 31. Dezember oder 31. März ermittelt werden. Gerade hierin unterscheidet sich die kaufmännische Buchführung zu ihrem Vorteil wesentlich von der kameralistischen. Nun weiß jeder, der die Bilanz eines städtischen Elektrizitätswerkes liest, daß ein solcher Betrieb kein reines Kassageschäft ist, in dem alle Geschäftsfälle Zug um Zug bar ausgeglichen werden. Die Zähleranzeigen für Dezember oder März (den letzten Monat des Geschäftsjahres) werden erst am 1. Januar oder 1. April abgelesen. Hierauf müssen die Ergebnisse in die Zählerbücher (Licht, Kraft) eingetragen werden, diese selbst abgeschlossen, hunderte von Rechnungen ausgestellt werden. Dann setzt sich der Kassierer in Bewegung und holt dei Beträge ein. Dann sind Stundungen und Abzahlungen zu bewilligen und manche Forderungen stellen sich als uneintreibbar heraus. In der Tat waren in unserem Beispiele sogar zweifelhafte Schuldner aus früherer Zeit vorhanden, aber die Bilanz enthielt weder ein Debitoren-Konto noch Konto Dubioso noch Delkredere-Konto. Beim Fehlen des Hauptbuches konnte natürlich auch die Gewinn- und Verlustrechnung nicht buchmäßig realisiert werden.

Wie vorauszusehen, waren diese kaufmännische und die nebenher noch beibehaltene kameralistische Buchführung zu verschiedenen Gewinnergebnissen gekommen. Einmal wegen der zweifelhaften Schuldner. Dann wegen der Verwendung laufender Einnahmen zu Betriebserweiterungen. Das Geld dafür war von der Hauptkasse ausgegeben, mithin im Ausgang nachgewiesen. Aber der Gegenwert in Form von Kabeln, Freileitungen, Meßinstrumenten ging nicht bei der Kasse wieder ein und wurde deshalb dort nicht gebucht; denn Kabel und dergl. sind ja keine bare Münze.[1]) Die

[1]) Es gibt allerdings Kameralisten, die in diesem offenbaren Mangel der kameralistischen Buchführung sogar noch einen Vorzug derselben vor der Kaufmännischen erblicken. So schreibt der Berichterstatter aus Gnesen in Glaubachs Enquete ganz ernsthaft: „Der nach der kaufmännischen Buchführung ermittelte Reingewinn stellt nicht immer den für die Gemeinde verfügbaren Betrag dar;

Abschreibungen endlich wurden trotz der Unzulänglichkeit des Voranschlages von der Kämmerei genau nach dem Etat verbucht und für die zweifelhaften Schuldner auch dortseits keine außerordentliche Rückstellung gefordert.

Das ist ein Schulbeispiel einer kaufmännischen Buchführung in Gemeindebetrieben, die sich allerdings nicht bewährt. Und dennoch bot diese rudimentäre, primitive Buchhaltung noch eine bessere Grundlage für die Rentabilitäsberechnung als der Kämmereikassenabschluß, zumal er die Feststellung und Beseitigung der Mängel auf den ersten Blick ermöglichte.

Die persönlichen und sachlichen Schwierigkeiten die der durchgängigen Einführung der kaufmännischen Buchführung in die werbenden Betriebe der Gemeinden heute noch im Wege stehen, sind demnach sehr groß, aber sie sind nicht unüberwindlich. Immerhin müssen alle beteiligten Kräfte in einhelliger Zusammenarbeit für ein so wichtiges Ziel sich einsetzen, damit der Gemeindebetrieb endlich einmal auch in der übersichtlichen, reinlichen Ordnung kaufmännischer Buchführung durchweg als konkurrenzfähig mit der Privatunternehmung sich erweise.

Aber was ist zu tun, um der Kaufmännischen den ihr gebührenden Platz im Ganzen der Städteverwaltung zu erobern und zu sichern?

Von seiten ihrer Vertreter und Kenner? Sie mögen zunächst angesichts der zu überwindenden Widerstände in dem Gedanken Trost finden, daß ein Kameralstil, der sich seit kurzem gehoben nennt (noch nicht ein halbes Menschenalter!), damit seine ursprüngliche Reformbedürftigkeit eingesteht, daß der Ruf nach kaufmännischem Geist die Kameralisten erst recht aufgerüttelt hat aus ihrem Hyperkonservatismus und daß der Kameralstil um so gehobener wird, je mehr er von dem Geist der Kaufmännischen in sich aufnimmt, wofür Schneiders Werk wiederum den treffendsten Beweis erbringt.

Im übrigen verspricht nur der Weg unverdrossener Aufklärung über Wesen und Vorzüge und vielseitige Anwendbarkeit der Kaufmännischen nachhaltigen Erfolg. Die Aufklärung muß sich vor der Methode Glaubachs hüten, soll mit dem Einfachsten beginnen, Fachausdrücke erläutern, nichts für selbstverständlich halten. Wer die wachsende Literatur über unser Thema in der Tagespresse, den Fach-

---

er besteht vielmehr zum Teil aus Lagerbeständen, Maschinen- und Gebäudewerten, die für die Feststellung der Haushaltspläne bedeutungslos sind. Bei der kameralistischen Buchführunng dagegen deckt sich der ermittelte Überschuß stets mit dem verfügbaren Bestaude. Dieser große Vorteil der kameralistischen Buchführung kann durch alle Vorzüge der kaufmännischen Buchführung nicht ausgeglichen werden". Wozu dient denn aber das Kassabuch, ein Grundbuch der kaufmännischen? Mit solcher Naivetät ist eine Diskussion freilich aussichtslos. Vgl. dazu Glaubach a. a. O. S. 73 unter Neisse. Wehe dem Kameralisten, der den Kassensaldo eines werbenden Betriebes als verfügbaren Reingewinn betrachtet und eventuell über eine höhere Summe verfügt, als der Reingewinn darstellt!

zeitschriften, selbständigen Veröffentlichungen aufmerksam verfolgt, den beschleicht das Gefühl, als ob in der ganzen Frage schon unendlich viel vorbeigeschrieben und vorbeigeredet worden wäre, weil beide Parteien in einer anderen Sprache reden.

Den nachhaltigsten Erfolg verspricht die Aufklärung in den kommunalen Fachzeitschriften. Nicht aus der flüchtigen Tageszeitung, deren Berichte auf eine zu kurze Perspektive eingestellt sind, nicht aus dicken teuren Büchern, sondern aus gediegenen Fachzeitschriften bezieht heute auch der Kommunalbeamte in erster Linie seine geistige Nahrung. Die handelstechnischen Fachschriften, wie Schmalenbachs Zeitschrift, die Zeitschrift für Handelswissenschaft und Handelspraxis und die von Robert Stern redigierte Beilage zur deutschen Handelsschul-Lehrer-Zeitung werden nicht gar häufig in einem Rathaus gelesen, dort kennt man sie leider oft nicht einmal dem Namen nach. Es ist daher sehr zu bedauern, daß man immer noch äußerst selten in kommunalen Zeitschriften gediegene Aufsätze über kaufmännische Buchführung aus der Feder wirklich Sachverständiger liest. Diesen stellt offenbar die ungeheure Expansion des deutschen Wirtschaftslebens immer neue, größere und dankbarere Aufgaben — ich erinnere bloß an die Buchführung der Kartelle und Syndikate — so daß sie für unser Problem weniger Zeit und Interesse haben. Und doch gehört die gewaltige Ausdehnung der Gemeindebetriebe zu den wichtigsten Phänomenen moderner Volkswirtschaft, deren Sonderstellung auch von der Nationalökonomie und Finanzwissenschaft noch nicht hinlänglich, geschweige denn erschöpfend gewürdigt ist.

Besonders erwünscht wäre die Darstellung von Musterbeispielen kaufmännischer Buchführung für Gemeindebetriebe als Gegenstück zu ähnlichen kameralistischen Versuchen namentlich der Arbeit Schneiders. Nicht jede Form, jedes System kaufmännischer Buchführung ist für jeden Gemeindebetrieb geeignet. Schon der Bankier hat andere Bücher als das Warenhaus und diese haben wieder andere als der kleine Detaillist oder der Fabrikant. Ebenso wollen die besonderen Bedürfnisse und seltenen Eigentümlichkeiten der Gemeindebetriebe bei der Anlage und Führung kaufmännischer Bücher berücksichtigt sein.

Endlich wäre es sehr zu begrüßen, wenn häufiger gründliche Kenner der Kaufmännischen bei Kameralisten von Ruf — neben den oben genannten nenne ich noch Machowicz und Constantini — die kameralistische Buchführung eingehend studierten, die Voreingenommenheit, die Tradition immer etwas für sich beansprucht, überwinden und vor allem die beste Anschlußmöglichkeit der Kaufmännischen an eine im übrigen kameralistische Buchführung der Stadthauptkasse ermitteln würden. Gerade im letzteren Punkte herrscht noch Unklarheit, die der besteingerichteten Buchhaltung verhängnisvoll werden kann. Soweit ich sehe, ist durch die beregte gemeinsame Arbeit am leichtesten eine befriedigende

Lösung zu erreichen. Durch sie kann der Bürokrat Kaufmann und der Kaufmann Bürokrat im guten Sinne des Wortes werden, durch sie kann an Stelle des Abbruches ein soliderer, wohnlicherer Neubau errichtet und ein Plan gefunden werden, nach dem die getrennt Marschierenden vereint schlagen können.

Die Kameralisten werden diesen Vorschlag nicht von der Hand weisen können, denn selbst die Streitbarsten aus ihnen wollen vor allem der Sache dienen und an ihrem guten Willen darf nicht gezweifelt werden.

Sie müßten aber weiter von dem Vorurteil sich frei machen, nach dem die kameralistische Buchführung sozusagen die alleinseligmachende Methode für alle Verhältnisse und alle Zeiten ist. Weder Staat noch Gemeinde haben früher in ihrer Finanzwirtschaft kapitalistisch organisierte werbende Betriebe gekannt, darum hat man früher das Bedürfnis nach kaufmännischer Buchhaltung nicht empfunden. Heute spielt das neue, vom Alten grundverschiedene Element des werbenden Betriebes eine oft schon ausschlaggebende Rolle im öffentlichen Haushalt. Neue Bedürfnisse verlangen neue Mittel der Befriedigung. Die Rechnungsmethode des Kapitalismus, der kapitalistischen Unternehmung ist nun einmal die doppelte kaufmännische Buchführung. Mit dem Kapitalismus hat sie das Licht der modernen Welt erblickt, beide sind aus dem Geist des Unternehmers geboren, darum ist sie, die Kaufmännische, existenzberechtigt, ja unentbehrlich überall dort, wo die kapitalistische Unternehmungsform in Erscheinung tritt.

Glaubach hat mit scheinbar großartiger Überlegenheit den lapidaren Satz in die Diskussion geworfen: „Die kaufmännische Buchführung paßt nicht in den Verwaltungskörper der Städte hinein.“[1]) Eine Phrase, denn mit demselben Recht kann man behaupten: der werbende Betrieb paßt nicht in die Finanzwirtschaft der Städte hinein. Das glauben heute höchstens noch englische Manchesterleute, bei uns niemand mehr, auch die Kameralisten nicht. Darum ist das eine so falsch wie das andere. In der Begründung der zitierten These enthüllt sich die ganze Unwissenschaftlichkeit und Kritiklosigkeit der Schrift Glaubachs. Fast in jedem Satz ist da eine falsche Voraussetzung oder einseitige Schlußfolgerung versteckt. Glaubach weiß die großen Schwierigkeiten der Handhabung der kaufmännischen Form nicht genug hervorzukehren. Ihm selbst scheint allerdings die Kaufmännische ein Buch nicht allein mit zwei, sondern mit sieben Siegeln[2]) geblieben zu sein.

Aber liegt darin ein Grund, oder irgendeine Berechtigung, den Kameralisten schlechthin die Fähigkeit abzusprechen, daß sie die Kaufmännische verstehen und handhaben lernen? Diese mögen sich den Mut und das Selbstvertrauen nicht rauben lassen, in der Zusammenarbeit mit der kaufmännischen Buchhaltung allmählich ohne

---

[1]) A. a. O. S. 21. — [2]) Anspielung auf Glaubachs wunderliche Erklärung der kaufmännischen doppelten Buchführung a. a. O. S. 8 f.

Schwierigkeit sich zurecht zu finden. In jedem Beruf heißt es heutigentags immer von neuem um- und hinzulernen, um auf der Höhe zu bleiben, weil das Tempo der Entwicklung infolge gewaltig fortschreitender Verkehrstechnik so viel rascher geworden ist. Da mußte auch das Stilleben der städtischen Kassenverwaltungen gestört werden.

Was haben unsere Stadtkämmerer nicht schon alles gelernt! Früher legten sie das vorrätige Geld in den Kasten, verzichteten großmütig auf den Zins und zahlten bereitwillig Prämie für die Versicherung gegen Einbruchs-Diebstahl. Noch nicht so lange her! Dafür gibt es sogar aus dem 20. Jahrhundert noch Beispiele. Heute legen die Rendanten ihr Geld auf ultimo in die Preußenkasse, erhalten 5, 6, 7 und mehr Prozent und schöpfen mit Vergnügen den Rahm von den Spekulationsgewinnen der Hochkonjunktur. Weiter die Umwandlung des Zahlungsverkehrs! Die Behandlung des Reichsbankgiro- oder Postscheckkontos ist den meisten Kameralisten geläufig und doch schmeckt es so sehr nach dem Kaufmännischen. Wer möchte da nicht in unsere Kameralisten das Vertrauen setzen, daß sie auch heute unüberwindlich scheinende Schwierigkeiten überwinden.[1]) Mögen altgediente Herren noch einige Zeit bremsen, wenn sie eine Entgleisung bei dem derzeitigen leichten Unterbau befürchten, aber ihr Einfluß soll nicht entscheidend sein, denn sie dürfen keinen Anspruch mehr auf die große Zukunft erheben, die, wenn nicht alle Zeichen trügen, der Gemeindewirtschaft noch beschieden ist.

Die Vertreter der Selbstverwaltung ferner, die städtischen Körperschaften haben zuerst den Ruf nach kaufmännischen Geist, nach kaufmännischer Buchhaltung für die Gemeindebetriebe erhoben oder in diesem Ruf mit echtem Verständnis eingestimmt, kein Wunder, sind sie doch zum größten Teil aus dem gewerblichen Leben hervorgegangen, für dessen Bedürfnisse sie also ein besonderes Feingefühl haben. Für sie besteht keine Veranlassung, ihre Auffassung zu revidieren und das gesicherte Ergebnis eigener Erfahrung preiszugeben, denn die Einwände der Gegner sind durchaus nicht stichhaltig, am wenigstens diejenigen Glaubachs.

Die Vertreter der Bürgerschaft möchten aber in der Großzügigkeit ihrer Auffassung noch einen Schritt weiter gehen, als heute üblich ist. Für die werbenden Betriebe müßte nicht bloß mit der völlig unzureichenden Kassenführung des Kameralstils, sondern gleichzeitig auch mit der üblichen altertümlichen zwecklosen Aufstellung des Haushaltsplanes gebrochen werden. Denn mit der kaufmännischen Buchführung muß kaufmännische Geschäftsführung Hand in Hand gehen. Die Form allein wirkt keine Wunder, wenn

---

[1]) Barenthin schreibt a. a. O. S. 113 zum Trost aller Kameralisten: „Die Buchführung, selbst die kaufmännische doppelte Buchführung, ist die einfachste Sache von der Welt".

der richtige Inhalt fehlt. Kaufmännische Geschäftsführung ist für werbende Gemeindebetriebe nötig, ob diese nun möglichst zum Selbstkostenpreis liefern oder ihre Monopolstellung ausbeuten oder auf dem goldenen Mittelweg das fiskalische Interesse etwa mit Kleingewerbeförderung, also mittelständischer Sozialpolitik zu vereinen trachten. Die kaufmännische Geschäftsführung kennt aber keinen Haushaltsplan, kann ihn nicht brauchen, hat ihn nicht nötig. Die Kameralisten wollen das nun freilich wieder nicht glauben. So versicherte mir ein sonst vorurteilsfreier, für moderne Einrichtungen ganz begeisterter Vertreter des Kameralstils aus voller Überzeugung: „Auch ein gut geleiteter Privatbetrieb muß einen Haushaltsplan aufstellen.“ Das wäre nur richtig, wenn Haushalt und Privatbetrieb dasselbe wären; das ist aber nimmermehr der Fall. Eine solche Verwechslung verrät einen bedenklichen Mangel privat- und volkswirtschaftlicher Vorbildung. Der Privatbetrieb, die Privatunternehmung, und ebenso die öffentliche, die uns hier beschäftigt, ist eine Erwerbswirtschaft. Der öffentliche Haushalt dagegen ist eine Verbrauchs- (Konsum-) Wirtschaft, die gemeinsame Bedürfnisse aus den Einnahmen der gesamten Gemeindemitglieder gemeinsam befriedigt. Der Haushalt der Städte war früher, wie schon oben angedeutet, reine Konsumwirtschaft. Die Verbrauchswirtschaft kontrolliert sich nun aber nicht selbst. Daher war und ist insoweit für die Stadtwirtschaft[1]) noch heute eine strenge äußerliche Kontrolle durch einen im voraus entworfenen Plan der Einnahmen und Ausgaben unbedingt nötig.

Die Konsumwirtschaft kontrolliert sich nicht selbst. Im öffentlichen Haushalt spielt nicht einmal mehr die Leistungsfähigkeit — wie immer noch in der Mehrzahl der Privathaushalte — eine entscheidende Rolle. Der zunehmende Reichtum der Kulturvölker schafft einen immer weiteren Spielraum. Das oft beängstigende Tempo aller möglichen Steuererhöhungen beweist dies. Daß wir speziell in Deutschland noch lange nicht am Ende sind, lehrt ein Blick auf England und seine Erbschaftssteuer. Die Höhe der Ausgaben wird im öffentlichen Haushalt lediglich durch den Leistungswillen bestimmt. Der Leistungswille ist bedingt durch die Neigung zur Steuerbewilligung schlechthin, die früher jedenfalls viel geringer war wie heute, vor allem durch die Anerkennung immer neuer gemeinsamer und durch gemeinsame Veranstaltungen zu befriedigender Bedürfnisse, also durch die Verbesserung der öffentlichen Lebenshaltung.

Der Haushaltungsplan ist nichts anderes als der Ausdruck dieses Leistungswillens. Er ist also das einzige Mittel der Kontrolle, ob der freie, wandelbare Wille der Leistenden von der öffentlichen Finanzverwaltung erfüllt wurde oder nicht. Ähnlich

---

[1]) Das Wort Stadtwirtschaft wird hier nicht im Sinne Büchers, sondern analog zu Staatswirtschaft gebraucht.

wie der öffentliche Haushalt, soweit er reine Verbrauchswirtschaft ist, bedarf auch der private Haushalt eines Haushaltsplanes, nicht aber der private Betrieb, ebensowenig der öffentliche werbende Betrieb.

Denn der werbende Betrieb kontrolliert sich selbst durch das Prinzip der Rentabilität. Er baut sich nicht auf dem Prinzip freien Leistungswillens auf, sondern Leistung und Gegenleistung im freien wirtschaftlichen Verkehr sind allein maßgebend für seine Gebarung, so lange er eben in Wirklichkeit werbender Betrieb ist. Selbst wenn die Betriebsleitung wollte, könnte sie einen zuverlässigen, wirklich als Richtschnur dienenden Haushaltsplan gar nicht aufstellen, weil Ausgaben und Einnahmen nicht vorausgesehen und vorausbestimmt werden können. Die Leiter öffentlicher Betriebe, die einen solchen Haushaltsplan aufstellen müssen, glauben selbst nicht an die Güte ihres Werkes; in der Tat werden solche Haushaltspläne nie innegehalten und wer sich nur einige Mühe gibt, kann die unglaublichsten Widersprüche zwischen den Voranschlägen öffentlicher Betriebe und ihrer entsprechenden Schlußabrechnung feststellen.[1])

Der werbende Betrieb hat zur inneren Geschäftskontrolle viel bessere Ersatzmittel wie Umsatzstatistik, überhaupt Betriebsstatistik, Kalkulation, Rentabilitätsberechnung. Wozu also der nutzlose Haushaltsplan?

Wenn dem der an Gemeinplätzen nicht gerade arme Glaubach entgegenhält: Allzu große Vertrauensbekundung in Geld- und Kassensachen hat noch immer zu traurigen Folgen geführt, so erinnere ich die städtischen Körperschaften an das Wort: Bange machen gilt nicht! Glaubach verquickt in seiner Darstellung Dinge die nicht zusammengehören. Die traurigen Folgen die er im Auge hat, werden durch den Haushaltsplan nicht verhindert, im Gegenteil oft erst ermöglicht. Wer stellt den Haushaltsplan auf, wer kann ihn allein aufstellen? doch nur der Betriebsleiter. Also derjenige, der kontrolliert werden soll, bestimmt die Art der Kontrolle. Man kann ohne Bedenken behaupten, daß gerade der Haushaltsplan in der Hand eines geschickten, einigermaßen befähigten Betriebsleiters oder Verwaltungsdirektors das beste Werkzeug zur Verschleierung der

---

[1]) Wenn sogar manche Haushaltspläne, die eigentlichen, reinen Haushaltsbedarf feststellen, so oft ganz erheblich über die wirkliche Schlußabrechnung hinausgehen oder dahinter zurückbleiben, so darf dafür nicht ohne weiteres der Kämmerer verantwortlich gemacht werden. Das liegt in der Natur solcher Haushaltspläne, in denen Elemente werbender Betriebe versteckt sind und die ich deshalb gemischte Haushaltspläne nennen möchte. Dazu gehören solche, die auf Gebühren freiwilliger Benützer angewiesen sind. Dieser Mangel vieler Pläne gemischter Haushalte wird in neuerer Zeit etwas verdeckt, indem man sich von vornherein die Übertragung und gegenseitige Verrechnung einzelner Etatsansätze desselben Titels mit dem Etat bewilligen läßt. Übrigens wird sich der klügste Haushalter in Zeiten der Teuerung und rasch wechselnder Warenpreise um so häufiger verrechnen, je sorgloser er auf den Sand des dreijährigen Durchschnittes baut.

Geschäftsführung bildet. Und dem Magistratsdirigenten bietet er eine prächtige, nicht immer verschmähte Handhabe, das Bild der Schlußabrechnung der Hauptkasse wunderbar zu frisieren und bewußt oder unbewußt eine anerkennungheischende, ausgezeichnete Finanzverwaltung vorzutäuschen.

Der Haushaltsplan lenkt den Blick nur von der Hauptsache ab, von der allein wirksamen internen Geschäftskontrolle. Der Haushaltsplan kann zum Beispiel leidlich innegehalten und doch eine Menge Gewinnmöglichkeiten verpaßt worden sein. Je besser der Haushaltsplan innegehalten, desto besser der Kämmerer, aber nicht desto besser und tüchtiger der Betriebsverwalter. Wie leicht es möglich ist, durch den üblichen Haushaltsplan die Geschäftsgebarung zu verschleiern, dafür nur ein Beispiel.

Im Etat werbender Betriebe pflegt der Installationsbetrieb (Gas-, Wasser-, Elektrizitätszuführungen) unter einem besonderen Titel ausgewiesen zu sein. In der Regel aber findet man nur die Beträge der Materialien, Gehälter und Löhne der voraussichtlich auszuführenden Installationen in Einnahme und Ausgabe veranschlagt. Hat nun der Betriebsverwalter gut geraten und kommen die Beträge der ausgeführten Installationen jenen der veranschlagten ziemlich nahe, so hat er nach dem Haushaltsplan seine Schuldigkeit getan und ist zu entlasten. Aber — und hierin liegt der große Fehler solcher Haushaltspläne — über das Materiallager, über den Bestand finden wir im Haushaltsplan keine Angabe. Der entzieht sich der Kontrolle durch den Haushaltsplan. Denn erst neuerdings fangen einige Kameralisten an, den Bestand des Vorjahres in Ausgabe des nächstfolgenden Jahres und dessen voraussichtlichen Bestand in dessen Einnahme zu stellen. So kommt es vor, wie mir die Erfahrung bestätigt, daß der Bestand des Materiallagers beinahe doppelt so groß ist, wie der im Haushaltsplan veranschlagte Betrag der Materialien für neue Installationen.

Derartige Haushaltspläne bewilligen immer wieder das gesamte zu Installationen nötige Material, obwohl der größere Teil noch vorrätig ist und überlassen die Verwendung des Bestandes sorglos dem von Glaubach so gefürchteten „freien Ermessen des Betriebsleiters".

So ist es möglich, daß derselbe Betriebsverwalter, der im Spiegel des Haushaltsplans sich glänzend gerechtfertigt sieht, in Wirklichkeit ein nachlässiger Geschäftsführer ist, der ein zu großes Lager hält, Ladenhüter anhäuft, Bestände nicht rechtzeitig abstößt, kurz weder zum richtigen Einkauf noch Verkauf befähigt ist. Die Größe des Schadens, den dadurch unvermerkt viele Gemeinden erleiden, ermißt nur der, der weiß, wie stark die Rentabilität eines Unternehmens von der Schnelligkeit des Kapitalumschlages abhängt. Aber freilich Begriffe, wie zinsenfressende Vorräte, scheinen manchem Kameralisten noch nicht geläufig und darum quantité negligeable zu sein. Dort wo neben Haushaltsplan und kameralistischer Buchführung noch die kaufmännische eingerichtet ist, erscheint wenigstens in deren Abschluß in der Bilanz der Lagerbestand und wird durch einen Blick in die Umsatzstatistik und Gewinn- und Verlustrechnung der Kapitalumschlag festgestellt werden können.

Die Bedeutung des Haushaltsplanes wird überhaupt seitens der Kameralisten stark überschätzt. Ressortkommissionen, Magistrat, Etatskommissionen, Stadtverordnetenversammlung, vier und gelegentlich noch mehr Instanzen muß er durchlaufen, wie viel Zeit und Mühe wird darauf verwendet! Folgerichtig würde auch die Prüfung der Jahresabschlüsse dieselbe peinliche Sorgfalt, mindestens den gleichen Arbeitsaufwand erheischen müssen, wenn anders er seinen Zweck erreichen soll. Aber gerade daran fehlt es. Die Prüfung ist oft genug so summarisch, auch seitens des Berufsrevisors so oberflächlich, daß oft die Kämmerer gerade mittlerer und kleiner Städte selbst nachher immer noch nicht wissen, ob sie tatsächlich entlastet sind. Gleichwohl wird der Haushaltsplan immer ein notwendiges Übel bleiben, soweit die kommunale Finanzwirtschaft Verbrauchswirtschaft, also ein Haushalt ist.

Für die werbenden Betriebe aber mögen ihn die städtischen Körperschaften ruhig fallen lassen. Seine Aufstellung ist unmöglich, unnütz, ja sogar verwirrend. Wenn die städtischen Körperschaften auf die Scheinkontrolle des Haushaltsplanes verzichten, so geben sie damit noch nicht das Bewilligungsrecht preis. Wie sie dasselbe am besten wahren können, hat schon Dr. W. Waldschmidt, der bekannte Direktor der L. Loewe & Co. A.-G., Berlin, in seiner Schrift: „Kaufmännische Buchführung in staatlichen und städtischen Betrieben" klar ausgesprochen. Die Bedeutung dieser verdienstvollen Publikation ist durch die neuerliche, wohl nicht immer ganz sachliche, aber vom Standpunkt des Angegriffenen verständliche Kritik von W. Barenthin[1]) nicht vermindert, sondern nur erhöht worden. Der erste Anhieb ist immer am schwierigsten.

Waldschmidt meint:[2]) „Es wird sich also die Volksvertretung bei wirtschaftlichen Betrieben beschränken müssen auf die Kontrolle der gesamten Geschäftsführung bei der Prüfung der Bilanzen nebst Gewinn- und Verlustkonti, auf die Verfügung über den Reingewinn, auf die Festlegung des Besoldungsetats, auf Normierung der Verkaufspreise oder Gebühren und auf Beschlußfassung über Vergrößerung des Anlage- und Betriebskapitals für neue Anlagen und Betriebserweiterungen. Zu allen diesen Beschlüssen bedarf es keines Etats nach dem Kameralstil, während der Voranschlag einer Gewinn- und Verlustrechnung Gelegenheit und Unterlagen zu solchen Beschlüssen bietet."

Diesen durchaus zweckmäßigen Vorschlägen kann ich nur beistimmen, muß sie aber dahin interpretieren und erweitern, daß die Verfügung über den Reingewinn schon im Haushaltsplan schätzungs-

[1]) In „Kaufmann und Bürokrat".
[2]) A. a. O. S. 33.

weise in Anlehnung an die letztvorliegende Gewinnrechnung getroffen wird; so daß also im Haushaltsplan unter den Titeln der werbenden Betriebe nur der zu erwartende Reingewinn in Einnahme nachgewiesen wird.

Die Schätzung des voraussichtlichen Reingewinnes ist leicht und sicher, wenn nicht immer aus dem Vollen geschöpft, sondern mittels Gewinnreserven nach dem Beispiel moderner, bestverwalteter Privatbetriebe die Politik der stabilen Dividende bevorzugt wird. Durch Einbeziehung des geschätzten Reingewinns in den Haushaltsplan würde allein schon der ganze Betrieb unter genügende etatsrechtliche Kontrolle gestellt.

Alle übrigen Punkte werden durch Gemeindebeschluß oder Satzung festgelegt. Ferner ist ganz besonderes Gewicht — was Waldschmidt übersieht — auf Erlaß einer Instruktion für den zuständigen Dezernenten und einer Dienstanweisung für den Werkleiter zu legen. Wo diese Voraussetzungen erfüllt werden, kann der Haushaltsplan ohne Nachteil fortfallen; je eher, desto besser!

Man sieht daraus, und die Erfahrung wird es erst recht bestätigen, wie schwach die Logik der Schlußfolgerung Glaubachs ist, der behauptet:[1]) „Das Bewilligungsrecht der städtischen Körperschaften wird daher auch für die werbenden Betriebe beibehalten werden müssen. Folglich wird für sie auch der Haushaltsplan nicht fortfallen können und damit ebenfalls nicht der Kameralstil, der mit dem Haushaltsplan untrennbar zusammenhängt. Schon aus diesem Grunde ist also die kaufmännische Buchhaltung nicht geeignet.“ Eine ungeheuerliche Logik! Soviel Sätze, soviel Trugschlüsse!

Die vorgeschlagene Reform: Ersatz des Kameralstils durch die Kaufmännische, Ersatz des Haushaltsplans durch Satzung, Instruktion und Dienstanweisung, verspricht nur dann nachhaltigen Erfolg, wenn die städtischen Körperschaften rechtzeitig, d. h. so bald wie möglich einen kaufmännisch gebildeten Direktor für die werbenden Betriebe anstellen, der der kaufmännischen Form auch kaufmännischen Geist einhauchen kann. Ich betone: „Kaufmännisch gebildet.“ Das will sagen, es muß nicht unter allen Umständen ein Berufskaufmann sein, der vielleicht von kommunaler Verwaltungstechnik keine Ahnung, für andere als privatwirtschaftliche Gesichtspunkte kein Verständnis hat. Die Antwort Barenthins[2]) auf die Frage „Was ist kaufmännischer Geist“ finde ich in manchen Punkten sehr zutreffend. Aber einen Mann ausfindig zu machen, der wirklich kaufmännischen Geist hat und zugleich eine organische Zusammenarbeit mit der gesamten Finanzverwaltung verbürgt, das ist zunächst zweite Sorge.

Schwieriger ist der Zeitpunkt zu bestimmen, in dem die Anstellung eines besonderen kaufmännischen Direktors sich vernot-

[1]) A. a. O. S. 21.
[2]) A. a. O. S. 13.

wendigt. Um diese Frage drücken die städtischen Körperschaften namentlich in mittleren Städten sich so lange wie möglich herum. Denn da handelt es sich wieder um Anstellung eines neuen Beamten. Und man hat deren so schon genug und betrachtet den Titel „Beamtengehälter" als den anstößigsten im ganzen Etat. Es gibt nicht wenige Städte unter 25000 ja unter 10000 Einwohnern, die Gas-, Wasser-, Elektrizitätswerk und Sparkasse,[1]) also vier werbende Betriebe und keinen kaufmännisch gebildeten Geschäftsleiter haben.

Dieselben Leute, die bei jeder Gelegenheit nach mehr kaufmännischen Geist in der Verwaltung rufen, treiben nicht selten die engherzigste Finanzpolitik und verhindern und verzögern die Anstellung eines kaufmännischen Direktors. In ihrer Kurzsichtigkeit sehen sie nur die drohende Neubelastung des Gewinn- und Verlustkontos, weil der Gegenwert auf der Haben-Seite nicht sofort jedem augenfällig ist. So geht es immer noch ein Jahr, bis endlich die Erkenntnis dämmert, wieviel versäumt wurde, weil nicht zur rechten Zeit ein Mann an den rechten Platz gestellt wurde, der seine ganze Arbeitskraft einsetzen konnte, der die volle Verantwortung übernahm, von der den ehrenamtlichen Dezernenten das preußische Landrecht freispricht. Das Kapital der werbenden Betriebe beträgt in der Regel mehrere Hunderttausende, ja übersteigt die Million. Was für viel kleinere Privatunternehmungen jedermann voraussetzt, daß eine tüchtige kaufmännische Kraft an der Spitze steht, das will man bei der öffentlichen Unternehmung leichten Herzens entbehren können.

Hiergegen muß der Grundsatz aufgestellt werden: Die Anstellung eines kaufmännisch gebildeten, hauptamtlichen, besoldeten Betriebsleiters erfolgt nie zu früh, aber sehr leicht zu spät. Sie erfolgt nie zu früh! Grade von der grundlegenden Organisation hängt der Erfolg der ersten Entwicklungsperiode ab und dieser ist oft ausschlaggebend für ein ganzes Menschenalter. Ausgaben, die bei Eröffnung eines Betriebes scheinbar zu hoch sind, bringt in späteren Jahren die Vermeidung kostspieliger Reformen wieder ein. Ausgaben dieser Art werden von den städtischen Körperschaften ohne Widerspruch gebilligt, soweit sie sächlicher Natur sind. Willig hört man die Mahnung: „Nur nicht zu klein bauen, sonst müssen wir das, was wir heute zu wenig bewilligen, in naher Zukunft doppelt und dreifach bewilligen."

Es leuchtet auch jedem ein, daß man etwa ein städtisches Elektrizitätswerk nicht für Bedürfnisse von heute und morgen erstellen darf. Häufig wird also in den ersten Betriebsjahren nicht einmal die Verzinsung und Tilgung des Kapitals herausgewirtschaftet. Damit findet man sich ab. Anders dagegen, sobald es sich um Ausgaben persönlicher Art handelt. Einen Diesel oder ein

---

[1]) Ich rechne die Sparkasse zu den werbenden Betrieben, obwohl mir gelegentlich z. B. von Machowicz Bedenken geäußert wurden. Die Erörterung dieses Spezialfalles dürfte an anderer Stelle interessieren.

Kraftaggregat oder ein Leitungsnetz, das auf Jahre hinaus nicht voll belastet wird, schafft man an, aber einen tüchtigen Direktor, einen Beamten möchte man am liebsten immer erst bewilligen, wenn man einigermaßen sicher geht, daß seine Arbeitskraft vom Augenblick der Anstellung an voll belastet wird.

Freilich spielt da manchmal eine heimliche Gegnerschaft gegen Gemeindebetriebe mit. Den Gemeindebetrieb als solchen kann man nicht vereiteln oder aus der Welt schaffen, so sucht man seine Lebensfähigkeit zu unterbinden, indem man zugkräftigere, scheinbar rein finanzwirtschaftliche Motive vorschützt. Aber gerade in dieser Personalfrage ist manchen städtischen Körperschaften eine großzügigere, weitschauende Auffassung zu wünschen, die nicht bloß die Einführung kaufmännischer Buch- und Geschäftsführung beschließt, sondern konsequent deren Vorzüge durch Anstellung eines kaufmännisch gebildeten Direktors auch zur Geltung bringt. Dann werden die Klagen über Nichtbewährung der Kaufmännischen von selbst verstummen.

Was ist endlich in der Frage der Einführung kaufmännischer Buchhaltung von seiten der Bürgermeister zu tun? Diese Frage scheint durch die vorausgeschickten Erwägungen schon beantwortet. Denn der Bürgermeister ist als Magistratsdirigent ein Glied der städtischen Körperschaften. Aber er ist das wichtigste Glied, er ist der Kopf des ganzen Selbstverwaltungskörpers. Die gesonderte Fragestellung ist also nicht überflüssig. Sie führt uns zum Ausgangspunkt der Erörterung zurück.

Wenn der Bürgermeister die Reform nicht will oder bei der Durchführung versagt, dann wird der kaufmännischen Buchführung kaum ein dauernder Erfolg in der kommunalen Finanzverwaltung beschieden sein. Warum gibt es überhaupt Bürgermeister, die Gegner der Reform sind, inwieweit hängt der Erfolg vom Bürgermeister ab? Das sind schwierige Fragen, aber auch hierauf muß es eine Antwort geben.

In vielen Fällen ist das Nichtwollen ein Nichtkönnen. Darüber ist schon in der Einleitung das Nötige gesagt. Man geht nicht gern aufs Eis, wenn man sich nicht sicher fühlt. Und man will doch die Kontrolle und oberste Leitung nicht aus der Hand lassen. Vorsicht ist berechtigt, aber nicht übertriebene Ängstlichkeit. Ein tüchtiger Revisor bietet hierbei eine gute Stütze. Ein tüchtiger Revisor will nun aber gesucht sein. Es empfiehlt sich nicht den nächstbesten und immer denselben zu nehmen. Nicht einmal alle vereidigten Bücherrevisoren bieten jegliche Gewähr. Die Vereidigung durch die Handelskammer hat ihre Schattenseiten. Es ist ein offenes Geheimnis, daß mancher mißratene Sprößling eines Kommerzienrats, der sonst zu nichts taugt, Revisor wird. Auch da ist nicht alles Gold, was glänzt. Der Name des Vaters, der Stempel, die Vereidigung genügen nicht. Namentlich bei der Anlage der Bücher, bei Festsetzung der Normativbestimmungen ist ohne Rücksicht auf die einmaligen Kosten der tüchtigste zu wählen, damit die übersichtlichsten und einfachsten Bücher angelegt und die Fortschritte der Buchhaltungstechnik, wie amerikanisches Journal mit mechanischer Übertragung, Kassabücher mit Durchschreibevorrichtung für Quittung und Beleg, Dauerkontenbücher verwertet werden. In diesem Zusammenhang seien die Nationalregistrierkassen mit ihrer raffinierten, präzis und dauerhaft gearbeiteten Mechanik besonders hervorgehoben. Nur die kaufmännische Buchführung, die auf der Höhe moderner Technik steht und alle Hilfsmittel des modernen Kontors nützt, wird den hohen Anforderungen kommunaler Betriebsverwaltung gerecht werden. Dem Bürgermeister, der in Personalfragen immer den Ausschlag gibt, erwächst hier eine wichtige, aber meist unterschätzte Aufgabe.

Ein anderes Hemmnis sehen manche in der Freizügigkeit der Bürgermeister. Ihr Einfluß ist nicht immer günstig, mag sein, aber sie ist nicht aus der Welt zu schaffen. Jeder Versuch, die Freizügigkeit zu beschränken, ist ein Versuch, die moderne Gesellschafts- und Wirtschaftsordnung auf den Kopf zu stellen und darum von vornherein aussichtslos. Der Tüchtigste muß überall an den ersten Platz kommen können. Die mittleren und kleinen Städte müssen sich damit begnügen, die schöpferische Kraft einer bedeutenden Persönlichkeit wenigstens einige Jahre sich dienstbar machen zu können. Nicht selten bringt der Wechsel einen Mann an die Spitze der Verwaltung, der die vielleicht grundsätzliche Gegnerschaft gegen kaufmännische Buch- und Geschäftsführung des Vorgängers beseitigt. Andrerseits mag die Schattenseite der Freizügigkeit für die städtischen Körperschaften ein wirksames Motiv zur Schaffung einer besonderen, ständigeren Oberleitung der Gemeindebetriebe sein. Im übrigen kann hier das bewährte System der persönlichen Zulagen Abhilfe schaffen. Wenn mancher Bürgermeister einer Kleinstadt von knapp 5000 Einwohnern einen Gehalt von 10000 Mk. bezieht, so ist das keine anormale Erscheinung. Die Städte wissen, warum sie so viel bewilligen. Selten fahren sie besser, wenn sie statt eines gut besoldeten zwei schlecht besoldete Magistratsmitglieder wählen. Die Quantität ersetzt eben niemals die Qualität.

Man hat nun eingewendet, daß gerade das Interesse der Bürgermeister an außerordentlichen Zulagen sich gerne gegen Anstellung eines kaufmännischen Betriebsdirektors richte. Der Einwand ist von einigem Belang, insofern er darauf hinweist, daß außerordentliche Zulagen durch außerordentliche Leistungen erworben sein wollen, und letztere gerade in der Betriebsverwaltung am raschesten und eindruckvollsten aufzuzeigen sind. In der Tat kann hierin ein Verwaltungstalent seine wertschaffende Bedeutung ins hellste Licht stellen und der Kleinbürgerverstand begreift wohl, daß ein besonderer materieller Erfolg eine materielle Vergütung verdient nach Analogie der Tantieme. Aber dieser immerhin leicht kleinliche Gesichtspunkt dürfte nur in kleinen Verhältnissen von

Bedeutung sein und wird wohl nie den Standpunkt der Bürgermeister entscheidend beeinflussen.

Wohl aber gilt dies von der Besorgnis, die Einheitlichkeit der Verwaltung und die finanzielle Dispositionsfreiheit zu verlieren. Letztere ist gemeinhin größer, als der Außenstehende ahnt. Ein kaufmännischer Direktor mit überlegener Geschäftsroutine und gegensätzlicher Finanzpolitik kann unbequem werden. Vor dem Fachmann, dem Sachverständigen, muß der Jurist schweigen. Mancherorts wird eine allzu durchsichtige Geschäftsgebarung gar nicht gewünscht. Da regiert man noch bisweilen nach alten Rezepten: Ein Blinder ist leichter zu führen, als ein Sehender. Nur durch gewagte Finanzkunststücke[1]) gerade in der Betriebsverwaltung kann manche dringliche Forderung durchgedrückt, kurzsichtige Eintagspolitik querköpfiger Wortführer hintertrieben werden.

Der Verwaltungskundige wie der Laie wird im allgemeinen zugeben, daß in praxi gelegentlich nach dem Grundsatz: „Der Zweck legalisiert das Mittel" gehandelt werden muß. Gesundes Rechtsempfinden wird hierbei selten verletzt, selbst wenn Skrupulanten, die auf den Buchstaben des Gesetzes schwören, mit dem Vorwurf der Rechtsbeugung schnell bei der Hand sind. Bei der Unvollkommenheit menschlicher Einrichtungen sind eben die Verhältnisse oft stärker als Recht und Gesetz. Der Verwaltungsbeamte sieht in erster Linie den Zweck im Recht. Kann er ersteren mit letzterem nicht erreichen, dann verliert dieses unbewußt für ihn an objektiven Wert. Daher sind gute Verwaltungsbeamte auch selten gute Richter. Nicht sie wollen dem Recht, sondern dieses soll ihnen dienen, denn die Gesetze sind um der Menschen willen da. Daran ist zu erinnern gegenüber Schlagworten, wie die Verwaltung mißachte, verletze, beuge das Recht. Die Prediger solcher Schlagworte würden noch mehr entsetzt sein, wenn immer nach dem strengen Recht verfahren würde in einem Staat in dem noch Gesetze aus einer Kulturepoche gelten, die nicht Jahrzehnte, sondern Jahrhunderte hinter uns zu liegen scheint, in Städten, in denen eine Unzahl von zum Teil veralteten Ortsgesetzen nur auf dem Papier steht. Das gilt nicht nur von Polizeiverordnungen, deren Geltungsdauer wenigstens in Preußen demnächst durch Landesgesetz beschränkt werden soll. Summum jus summa injuria. Selbstverwaltung verpflichtet zur Selbstbeherrschung, aber nicht zur Gesetzesmacherei und Pedanterie.

Aus diesem kleinen Exkurs erhellt zur Genüge, daß dem begreiflichen Wunsch der Magistratsdirigenten nach möglichster Ellenbogenfreiheit und Geltendmachung des beliebten gesunden Menschenverstandes hier durchaus nicht unter allen Umständen entgegengetreten werden soll. Aber ebensowenig darf es andrerseits als erwünscht betrachtet werden, wenn die kristallene Klarheit der

[1]) Die nicht in sich, sondern nur durch den Zweck zu rechtfertigen sind!

kaufmännischen Buchhaltung und deren Einführung deswegen gescheut würde, um desto unbehelligter die Gemeindebetriebe ausbeuten zu können.

Die Gefahr besteht und sie ist um so größer, je lieber die städtischen Körperschaften solchem Wunsch entgegenkommen. Die Drohung der Regierung, die Tilgungsquote bei nächster Gelegenheit zu erhöhen, kommt meistens zu spät. Ist aber das Festhalten am Dogma der 100 Prozente oder die zeitweilige Ermäßigung der Umlagen wirklich der untrügliche Prüfstein hervorragender Finanzkunst, wenn dieses Festhalten und diese Ermäßigung auf Kosten der Gemeindebetriebe geschehen, wenn durch zu geringe Abschreibungen oder durch Deckung der Amortisation aus den Anlagebeständen unvermerkt dauernde Ausgaben aus einmaligen Einnahmen bestritten werden? Nach einigen Jahren steht man dann plötzlich vor einem unvermuteten Anleihebedarf und obwohl man immer aus dem Vollen geschöpft, schiebt man die Verantwortung auf eine frühere Zeit, benützt aber die neue Anleihe zur Fortsetzung der verkehrten Politik, die nur einen Augenblickserfolg vortäuschen kann.

Es ist mir nicht zweifelhaft, daß hierin eine Hauptursache des besorgniserregenden Geldbedarfs vieler Gemeinden zu suchen ist. Ein erheblicher Teil der außerordentlichen Einnahmen aus Anleihemitteln fließt dort durch unsichtbare Kanäle der Betriebsverwaltungen der Deckung ordentlicher Ausgaben zu.. Dagegen hat die Quotisierung der Steuerzuschläge gar nichts geholfen. Im Gegenteil! Wenn Dr. Lentze, der preußische Finanzminister und frühere Oberbürgermeister von Magdeburg, jüngst gegen quotisierte staatliche Steuerzuschläge, die eine Ermäßigung der festen Zuschläge bringen sollten, das Bedenken erhob, daß dieselben zu leicht erhöht würden, so mag dieses Paradoxon im Augenblick seinen Zweck erreicht haben, aber das Bedenken ist nicht ernst zu nehmen. Es wurde merkwürdigerweise geltend gemacht, gegen Ermäßigung oder Aufhebung der staatlichen Steuerzuschläge. In Wirklichkeit gibt die Quotisierung viel häufiger zum sinnlosen, krampfhaften Festhalten an einer magischen Zahl als zur Erhöhung Anlaß. Und ob quotisiert oder nicht, das Wachstum der Lasten wird doch nicht wirksam beschnitten durch die Rücksicht auf die Zuschläge. Denn statt die Ausgaben an den Einnahmen zu messen, beutet man die Gemeindebetriebe aus und versucht die letzten, unpopulärsten und unergiebigsten Steuerquellen zu erschließen. War römische Verwaltungskunst, die Rücksichten kannte, wie panem et circenses, die schlechteste?

Mögen also die Magistratsdirigenten diese meines Erachtens größte Gefahr, die das eigenartige und neue Element des Gemeindebetriebes für die städtische Finanzverwaltung in sich birgt, nicht unterschätzen. Diese Gefahr ist nicht selten so groß, daß sie einzig und allein den Verzicht auf eigene Regie vollauf begründet. Denn wozu ein Gemeindebetrieb, den man gewissermaßen auf Abbruch übernommen hat, um mit dem Abbruchmaterial das baufällige Haus der übrigen Finanzen zu stützen und auszuflicken. Ja, wenn mit dem Abbruch des Gebäudes der Abbruch der Hypotheken erfolgte!

Um die Gefahr zu sehen und rechtzeitig zu meiden und auch andere mit Erfolg warnen zu können, gibt es aber kein besseres Mittel als die Einführung einwandfreier kaufmännischer Buchführung. Sie ist ein Spiegel, der nie trügt, der rechtzeitig warnt nach billigem, rasch verdorrendem Lorbeer zu langen.

Natürlich darf man auf solchem Standpunkt dem Bedenken, das auch bei Glaubach und in manchen Berichten seiner Enquete anklingt, dem Bedenken der Kostspieligkeit der neuen Einrichtung keine entscheidende Rolle zumessen. Es ist ein beliebtes Steckenpferd nicht weniger Magistratsdirigenten, die Verwaltung zu vereinfachen, in erster Linie Personal zu sparen. Die Absicht ist sehr löblich, gewiß, aber beim besten Willen nicht überall durchzuführen. Im allgemeinen dürften die Städte bei der unheimlichen Produktivität der verschiedenen Gesetzgebungsmaschinen und bei der großen Neigung der Staatsverwaltung, ihre Geschäfte der Gemeindeverwaltung zu überlassen, sich nicht über Überfluß der Beamten beklagen können. An Arbeit fehlt es wirklich nicht in den deutschen Kommunalverwaltungen und es wird auch nach Kräften gearbeitet. Man sollte also nicht zuerst fragen: „Ja, erspare ich denn einen Beamten durch Einführung der kaufmännischen Buchhaltung oder schaffe ich dadurch noch mehr Schreibarbeit?" Man soll nicht bloß nach den Ausgaben fragen, auch die Vorteile, die daraus erwachsen, wollen gewürdigt sein. Und die Vorteile werden immer größer als die Ausgaben sein. Das heißt, die kaufmännische Buchhaltung ist relativ immer billiger als die kameralistische, selbst wenn sie mehr Schreiberei erfordert, weil etwa am Anfang nicht die einfachste Einrichtung getroffen und die Kameralistische aus Vorsicht doch noch beibehalten wird.

In wie vielen städtischen Betriebsverwaltungen[1]) mag man nicht aus falscher Sparsamkeit auf den laufenden, für jeden Tag zu erbringenden Nachweis der Lagerbestände verzichten. Wie lange noch wird man so sorglos die Verantwortung für Veruntreuung, Diebstahl, Brand übernehmen, obwohl für diese Fälle nicht einmal der Nachweis des Schadens möglich ist? Am Kostenpunkt darf also die Einführung kaufmännischer Buchhaltung niemals scheitern.

Ein so gewaltiger Fortschritt bedarf der Überlegung kaufmännischen Geistes, nicht Krämergeistes. Daß wahrhaft kaufmännischer Geist manchen Bürgermeister beseelt, ist gar keine Frage. Vielleicht kommt das daher, daß glücklicherweise nicht immer die besten Examensjuristen Bürgermeister werden. Um so unbegreiflicher wäre es, wenn von dieser Seite der Einführung kaufmännischer Buch-

---

[1]) Barenthins eindringliche, diesbezügliche Forderung bestätigt indirekt meine eigene Erfahrung.

haltung und Geschäftsleitung in die Gemeindebetriebe aus sachlichen oder persönlichen Erwägungen dauernder und ernster Widerstand entgegengesetzt würde. Möchten die Bürgermeister ohne Ausnahme auch in dieser Frage allen voran Wegweiser sein, und in richtiger Erkenntnis, daß die Gemeindefinanzen mit dem Gemeindebetrieb ein von allen früheren grundverschiedenes Element aufgenommen haben, diesem neuen Element die seinem Wesen entsprechende Form nicht vorenthalten.

Es wird im konkreten Einzelfall freilich schwer festzustellen sein, wo der Hauptwiderstand liegt: beim Dezernenten oder einem Teil der städtischen Körperschaften, beim Magistratsdirigenten oder beim Kämmerer, bei einem einzelnen oder bei mehreren. Man ist nur allzuleicht geneigt, in kleineren Verhältnissen wie in Großstädten den Repräsentanten der Gesamtverwaltung zum Sündenbock für eigene Schuld zu wählen, häufig aus dem dunklen Gefühl, daß jener andererseits auch oft sät, wo er nicht geerntet, und Erfolge stillwirkender Kräfte dem geheimnisvollen Zauber seiner Persönlichkeit und seiner überragenden Stellung gutgeschrieben werden.

Sei dem im Einzelfalle, wie ihm sei. Ohne Zweifel aber wird noch lange nicht von allen Bürgermeistern der kaufmännischen Buchhaltung die verdiente freundliche und fördernde Würdigung vergönnt. Diese Zeilen sind ja in erster Linie gegen den vorgefaßten Gedanken gerichtet, „daß die kameralistische Buchführung zweckmäßig ausgestaltet, auch in der Lage ist, für die gewerblichen Betriebe der öffentlichen Körperschaften eine ausreichende und sichere Grundlage zu bieten".

Sie wollen zunächst verhüten helfen, daß mit solchen unbegründeten, durch Erfahrungstatsachen vorläufig überhaupt nicht beweisbaren Gedanken die Kampflinie zu sehr zu ungunsten der kaufmännischen Buchführung verschoben oder über diese gar zur Tagesordnung übergegangen wird.

Im Verlaufe der Erörterung waren gelegentliche Auseinandersetzungen mit Glaubachs Schrift unvermeidlich. Das Verdienst und der relative Wert der Enquete Glaubachs soll gern anerkannt werden, obwohl Enqueten die Bedeutung lückenloser statistischer Aufnahmen nie eingeräumt werden darf, zumal wenn die Fragestellung so mangelhaft ist.

Aber um so entschiedener muß gegen das kritiklose, unwissenschaftliche Geleitwort mit dem Glaubach die Hauptergebnisse der Enquete veröffentlicht hat, Einspruch erhoben werden. Wie viele Leser seiner Schrift haben sich wohl mit dem ersten Teil seiner Schrift begnügt und aus Mangel an Zeit und Geduld das unerquickliche Studium des Antwortenmaterials unterlassen. Wie leicht konnten sie der irrigen Meinung zum Opfer fallen, daß der erste Teil, die Ausführungen Glaubachs gewissermaßen den Extrakt der Enquete enthalten, also durch die Erfahrungen der Praxis voll und ganz bestätigt würden. Und wenn sie doch noch wenigstens zur Lesung der Antworten vordrangen, dann waren sie, ganz erfüllt von der einseitigen Argumentation Glaubachs, zu objektiver Würdigung jedenfalls nicht gut vorbereitet. Nur so ist es zu erklären, daß man Kameralisten begegnet, die Glaubachs Schrift wie ein Arsenal betrachten, in dem alles Rüstzeug zum Kampf gegen die Kaufmännische aufgestapelt liegt und die einfach mit dem Hinweis darauf wie mit einer eleganten Handbewegung die Kaufmännische abtun wollen. In Wirklichkeit gründet sich die einleitende Erörterung Glaubachs keineswegs auf einer eindringenden, objektiven Kritik der Enquete. Glaubach hat sich der Pflicht eines jeden Forschers zur kritischen Verarbeitung des gesammelten Materials einfach entzogen. Er hat sich weder die Mühe genommen die gegnerischen Antworten zu widerlegen, noch hat er aus den im Prinzip für seine Anschauungen sprechenden Antworten jene nicht seltenen Bemerkungen ausgeschieden, die in der Tat eher eine Selbstanklage des Kameralstils, denn seine Rechtfertigung bedeuten. Niemals kann bei einer Enquete die Zahl der Für und Wider, sondern nur das Gewicht der Antworten und ihrer Begründung entscheidend sein für die Lösung der gestellten Frage. Darüber ist sich die Wissenschaft der Statistik längst im Klaren. Auch Dr. Scholz[1]) dürfte nach dem Studium der vernichtenden Kritik mit der W. Barenthin die Einwendungen Glaubachs gegen die Kaufmännische glänzend abfertigt, in Zukunft nicht mehr so leicht geneigt sein, dem gehobenen Kameralstil sein Blankoakzept auszustellen. Es ist bedauerlich, daß Barenthins Werk noch nicht die verdiente Würdigung erfahren hat, wenigstens nicht bei denen, die es angeht.

Es muß übrigens vorbehalten bleiben am anderen Ort eine gründliche Wertung der Enquete, die Glaubach sich geschenkt hat, nachzuholen und darüber hinaus auch positive Vorschläge zur für Gemeindebetriebe besonders passenden Ausgestaltung kaufmännischer Buchhaltung zu machen.

Die Erörterungen in diesem engen Rahmen konnten ferner nicht allen Verhältnissen gerecht werden. Sie stellen sich mehr auf den Standpunkt der mittleren und kleinen Städte als den der Großstädte, und zwar mit der ausgesprochenen Absicht um mit dem alten, gedankenlos übernommenen Vorurteil aufzuräumen, daß mittleren und kleinen Städten die Einführung kaufmännischer Buchführung besonders zu widerraten sei. Gerade das Gegenteil ist richtig.

In den Großstädten da kann die Kameralistische — zweckmäßig ausgestaltet! — zur Not als Surrogat (nicht als vollwertiger Ersatz) der Kaufmännischen dienen. In Großstädten, wo alle Vorzüge der Großorganisation des Massenbetriebs, namentlich die Zwangsläufigkeit weitverzweigter Arbeitsteilung, wo ein Revi-

[1]) Dr. Scholz wurde während der Drucklegung zum Oberbürgermeister von Berlin-Charlottenburg gewählt.

sionsbüro mit erstklassigen Revisoren und dem tüchtigsten Kämmerer an der Spitze, zur Verfügung stehen, wo der Kameralstil wirklich in seiner vollkommensten Form zur Anwendung kommt, da mögen deren Mängel und Nachteile auch in der Verwaltung werbender Betriebe nicht so fühlbar und folgenschwer sein, wie an sich zu befürchten wäre. Aber kleine und mittlere Städte besitzen selten ein Revisions- oder auch nur Kalkulationsbüro; sie behelfen sich oft mit einer veralteten, höchst besserungsbedürftigen Kameralbuchhaltung, worauf schon das kritische Studium der im Druck erscheinenden Haushaltspläne schließen läßt; sie dürfen bei Anstellung eines Kämmerers nicht wählerisch sein, sie können sich ja einen Kämmerer von der Erfahrung, dem Rufe und der schöpferischen Initiative eines Machowicz, Schneider, Klapdor, Constantini, Kramer und ähnlicher nicht leisten; sie leiden im Gegenteil besonders unter dem Zwang, auch Kassenbeamtenstellen Militäranwärtern vorbehalten zu müssen; sie entbehren der Selbstkontrolle und der Zwangsläufigkeit, die im Wesen des Großbetriebs liegt und dessen Überlegenheit mitbegründet. Daher bedürfen in erster Linie die kleinen und mittleren Städte der Einführung der kaufmännischen Buchhaltung in ihre Gemeindebetriebe.

Endlich ist die Frage der kaufmännischen Buchhaltung in der Gemeindeverwaltung nur ein Ausschnitt aus dem größeren und schwierigeren Problem des werbenden Gemeindebetriebes. Seiner Zulässigkeit, seiner Rentabilität, seiner Entwicklungsmöglichkeit sind neue Zweifler und Gegner entstanden. Ihre Zahl wird wachsen und ihre Stimmen werden um so williger gehört werden, je länger die Gemeindeverwaltungen sich sträuben, die Segnungen kaufmännischer Buch- und Geschäftsführung ihren werbenden Betrieben zugute kommen zu lassen. Auf wem da die schwere Verantwortung rechtzeitiger Initiative liegt, das bedarf keiner Untersuchung. Nicht ob Kameralist oder Kaufmann, sondern ob Gemeindebetrieb oder Privatbetrieb muß letzten Endes die Fragestellung lauten und von dieser weiteren Perspektive aus wollen die Dinge gesehen und beurteilt sein.

Wer dann behauptet, die kaufmännische Buchführung paßt nicht in den Verwaltungskörper der Städte hinein, der darf dann die Konsequenz auch nicht scheuen zu sagen: der werbende Betrieb paßt nicht in die Finanzwirtschaft der Städte hinein. Wir brauchen diese Schlußfolgerung nicht zu ziehen, weil ja unsere Erörterung die Hinfälligkeit ihrer Voraussetzung aufs neue darlegen will. Wir können die Existenzberechtigung der öffentlichen Betriebe am wenigstens in einer Zeit leugnen, wo die wachsende Macht der Kartelle und Syndikate die freie Konkurrenz durch Privatmonopole mehr und mehr ausschaltet, und die Konsumenten der Willkür privater Interessen ausgeliefert hat.

Gleichwohl mußten wir auf die Gefahren hinweisen, die das neue Element der werbenden Betriebe für die Ordnung und gesunde Fortentwicklung der Gemeindefinanzen in sich birgt. Diese Gefahren sollten alle Interessenten, die Vertreter der Kaufmännischen sowohl, wie die Kameralisten, die Magistratsdirigenten wie die städtischen Körperschaften bewegen, sich baldigst zu einigen und darauf hinzuarbeiten, daß die Gemeindebetriebe aus dem Haushaltsplane und aus der kameralistischen Kassenverwaltung ausgegesondert werden, ihnen Form und Geist kaufmännischer Verwaltung nicht länger vorenthalten bleiben und somit ihre unantastbare Sonderstellung auch durch die äußerliche Scheidung gebührende Anerkennung finde. Nicht der ist Sozialist, der die Berechtigung gewisser Gemeindebetriebe anerkennt, sondern der, welcher ihren Charakter als werbender Betrieb verdunkelt und gefährdet.

Wenn aber die Entwicklung nicht auf dem Wege maßvoller und vorausschauender Selbstbestimmung nach vorwärts strebt, sondern nach rückwärts sich verirrt, dann scheint es doch geraten, daß die Staaten oder das Reich die entscheidende Wendung zum Bessern herbeiführt und alle werbenden Betriebe der Gemeinden mit einiger Einschränkung unter das Aktienrecht stellt. Diese schonende Beschränkung der Selbstverwaltung würde neben anderen den Gemeinden drei wertvolle Vorteile bieten. Sie würde ohne weiteres zur Einführung kaufmännischer Buch- und Geschäftsführung veranlassen, sie würde an Stelle unverantwortlicher Deputationen und Dezernenten einen unter allen Umständen verantwortlichen Verwaltungs- und Aufsichtsrat schaffen, denen dann die vom Etat verwehrte größere Bewegungsfreiheit eingeräumt werden könnte, sie würde endlich zu einem kleinen oder größeren Teil (neben der städtischen Aktienmehrheit) privates Kapital und privaten Geschäftsgeist unmittelbar am Erfolg interessieren dürfen und in demselben Maße die Anspannung des Gemeindekredits vermindern.[1])

Den Gemeinden fehlt in der Tat ein besonderes allgemeines Landes- oder Reichsrecht, das die wichtigsten Verwaltungsgrundsätze einheitlich festlegt. Nur diese Lücke erklärt das unruhige Suchen nach immer besseren Formen der städtischen Betriebsverwaltung, die ja sehr mannigfaltig sein können, wie der „Grenztypus" öffentlicher Betriebsverwaltung, die Reichsbank, zeigt, bei deren Erprobung gelegentlich aber auch fürchterliches Lehrgeld gezahlt werden muß. Dieser Mangel in der staatlichen Gesetzgebung ist auch dafür verantwortlich zu machen, daß sogar in ein und derselben Gemeinde die einzelnen werbenden Betriebe nach verschiedenen Grundsätzen und Verfassungen verwaltet werden und die Befugnisse der Verwaltungsdeputationen von sehr verschiedenem Umfange sind. Dies wird oft übersehen, auch von Bücherrevisoren bei Revisionen zu wenig berücksichtigt, oder von Fernstehenden gar für

[1]) Ähnliche Erfolge erwartet man von den fälschlich sogenannten gemischtwirtschaftlichen Unternehmungen, deren Organisation aber nicht immer einwandfrei ist und die den Gemeinden gefährlicher werden können als rein private Betriebe.

unmöglich gehalten. Aber es ist leider wahr und erschwert in starkem Maße die Übersicht, die einheitliche Leitung und die Kontrolle und läßt erkennen, wie sehr das Fehlen einheitlicher von allen Gemeinden zu beachtender Verwaltungsnormen diesen schon heute zum Nachteil gereicht.

Wir finden es in der Ordnung, daß der private Unternehmer zu genauer systematischer Buchführung gesetzlich verpflichtet wird. Niemand erblickt darin eine unbillige Beschränkung der Gewerbefreiheit oder privaten Vermögensverwaltung oder des Privateigentumsrechtes. Wenn aber schon der private Unternehmer, der Vollkaufmann, in seinem eigenen und im Interesse eines kleinen Kreises privater Interessenten einer sehr großen Anzahl gesetzlicher Bestimmungen sich fügen muß, so kann eine Verpflichtung der öffentlichen Gemeindebetriebe zu kaufmännischer Buchführung und Rechnungslegung um so weniger eine unzeitgemäße oder unerträgliche und inopportune Beschränkung der kommunalen Selbstverwaltung genannt werden, da sie lediglich die Wahrung bedeutender öffentlicher Interessen bezweckt. Man würde eine solche Verpflichtung vielmehr als Ausfluß einer vorsehenden Verwaltungskunst betrachten dürfen.

Jedoch ist zu wünschen, daß die Gemeinden selbst in diesem Falle staatlicher Bevormundung nicht unbedingt bedürftig sich erweisen, sondern ohne Ausnahme in eigener Initiative den von den Tatsachen gewiesenen Weg noch rechtzeitig selbst finden.

Zuschriften erreichen den Verfasser mit der Adresse: Chieming am Chiemsee, Bayern.

Druck von Dr. F. P. Datterer & Cie. (Inh. Arthur Sellier) München und Freising.

www.ingramcontent.com/pod-product-compliance
Lightning Source LLC
LaVergne TN
LVHW081342011026
849161LV00013BB/2985